AF231714

SUR DIVERSES PRATIQUES RÉCENTES

D'HYPNOTISME

ET DE

SPIRITISME

I.

CONFÉRENCE DU 12 DÉCEMBRE 1887

PAR

Un Membre honoraire du Cercle.

LILLE,
20, RUE DE L'ORPHÉON.
1887.

Fig. 1.

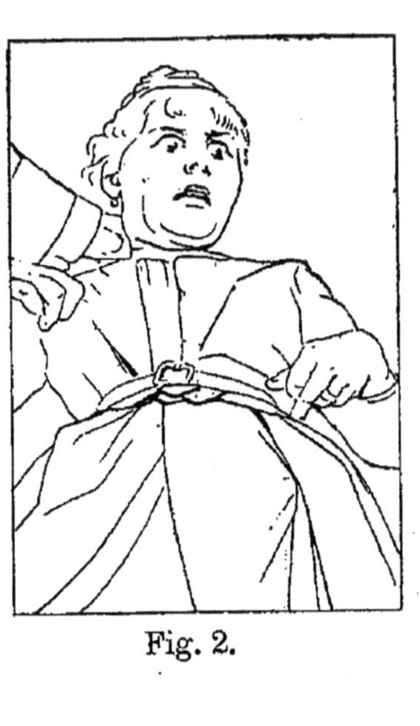

Fig. 2.

Fig. 3.

Fig. 4.

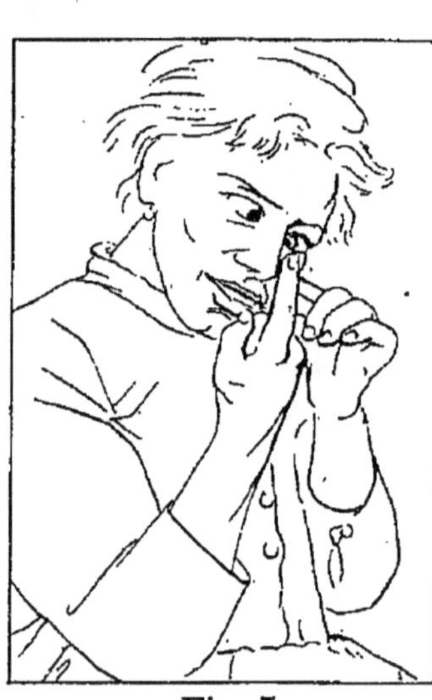

Fig. 5.

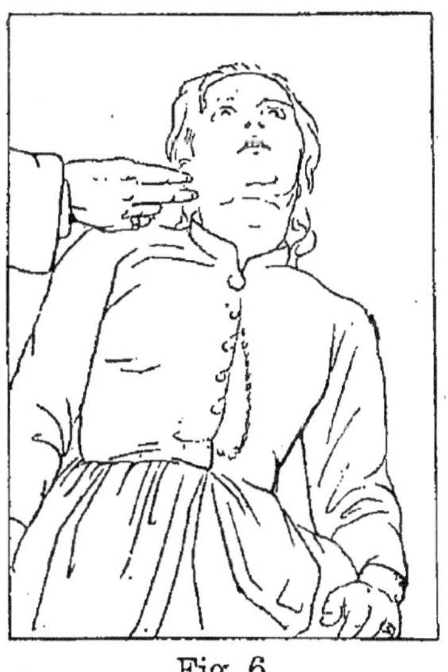

Fig. 6.

Fig. 7.

Fig. 8.

Fig. 9.

Fig. 10.

Fig. 11.

Fig. 12.

Fig. 13.

Fig. 14.

Fig. 15.

Fig. 16.

Fig. 17.

Fig. 18.

Fig. 19.

Fig. 20.

Fig. 21.

Fig. 22.

Fig. 23.

Fig. 24.

Fig. 25.

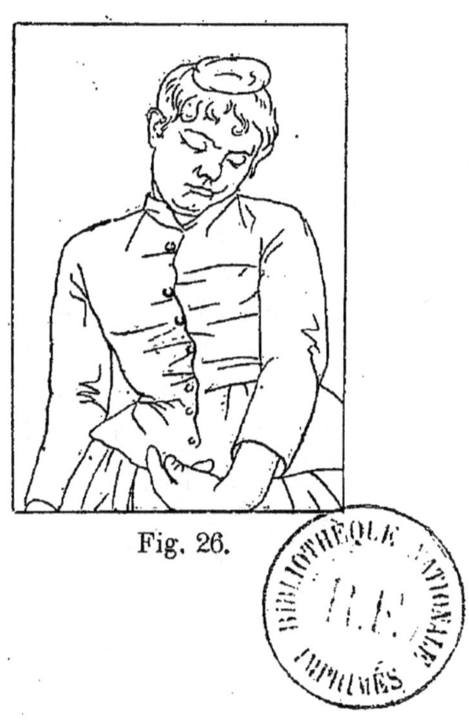

Fig. 26.

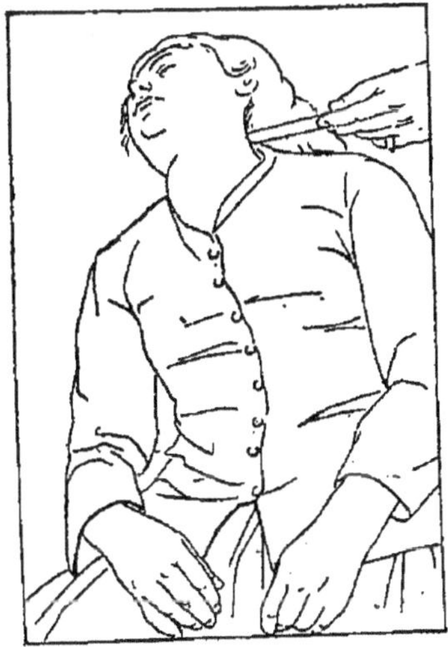

Fig. 27.

Fig. 28.

CERCLE DES ÉTUDIANTS DES FACULTÉS CATHOLIQUES DE LILLE.

SUR DIVERSES PRATIQUES RÉCENTES

D'HYPNOTISME

ET DE

SPIRITISME

II.

CONFÉRENCE DU 29 DÉCEMBRE 1887

PAR

Un Membre honoraire du Cercle.

LILLE,
20, RUE DE L'ORPHÉON.
1887.

LILLE. — IMPRIMERIE L. DANEL.

Fig. 29, tirée de la *Fin du monde des Esprits* du Dr Philip Davis.
Paris, s. d.

Jeu de l'accordéon dans une cage, sans aucun contact
avec les touches de l'instrument.

Fig. 30, tirée des *Recherches sur les phénomènes du spiritualisme* de William Crookes. Trad. de l'anglais par J. Alidel. Paris, s. d.

Fig. 31, tirée des *Nouvelles expériences sur la force psychique*, par William Crookes. Trad. de l'anglais par J. Alidel.

Fig. 32 , tirée de *La Fin du monde des Esprits* du Dr Philip Davis. Paris, s. d.

Table balance, imitation des sons indiqués au commandement, rupture à volonté de l'équilibre des corps.

Fig. 33, tirée de *la Fin du monde des Esprits* du D͏ʳ Philip Davis. Paris, s. d.

Neutralisation du poids des corps.

Fig. 34. tirée de *la Fin du monde des Esprits* du Dr Philip Davis. Paris, s. d.

Annulation du poids des corps.

Fig. 35, tirée de *la Fin du monde des Esprits*, du Dr Philip Davis. Paris, s. d.

Annulation graduelle du poids des corps

Fig. 36 , tirée de *la Fin du monde des Esprits* du Dr Philip Davis.
Paris, s. d.

Coups frappés, bruits et sons dans les corps.

Fig. 37, tirée de *la Fin du monde des Esprits* du Dʳ Philip Davis.
Paris, s. d.

Élévation des corps inanimés, sans contact de la main ni d'aucune force,

Fig. 38 , tirée de *la Fin du monde des Esprits* du Dr Philip Davis.
Paris, s. d.

Élévation des corps inanimés par le simple contact de la main.

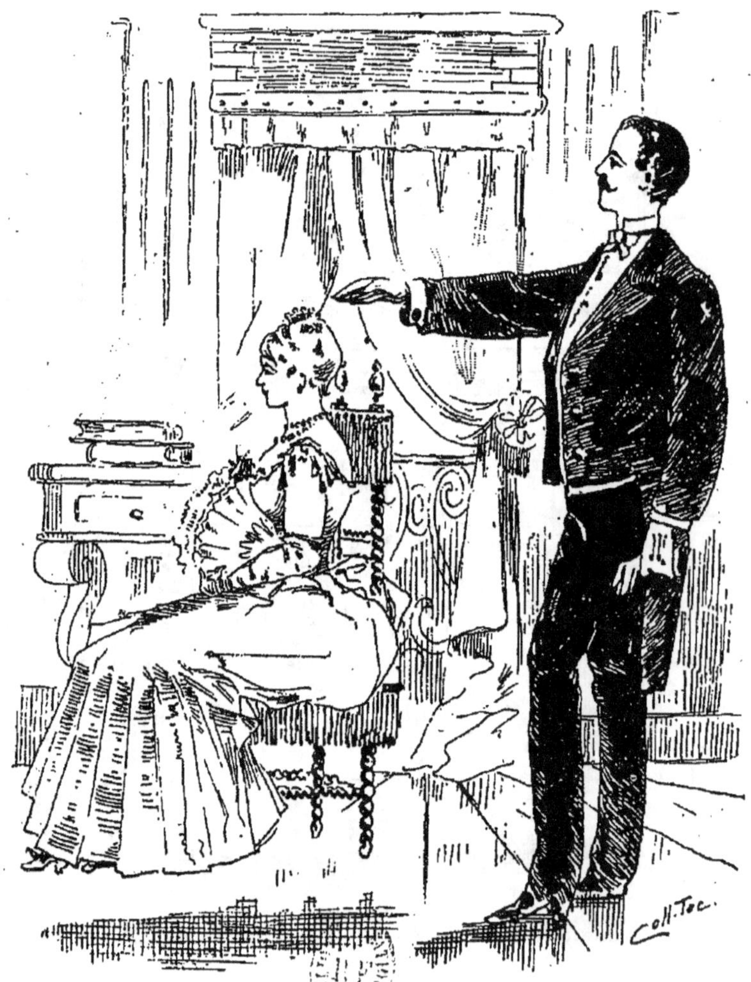

Fig. 39, tirée de *la Fin du monde des Esprits* du Dr Philip Davis. Paris, s. d.

Élévation des corps animés sans contact.

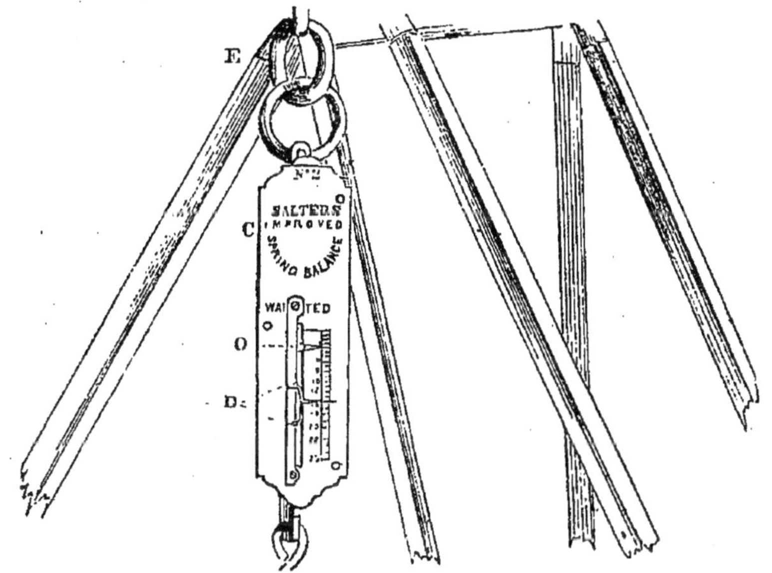

Fig. 40, tirée des *Recherches sur les phénomènes du spiritualisme* de William Crookes. Trad. de l'anglais par J. Alidel. Paris, s. d.

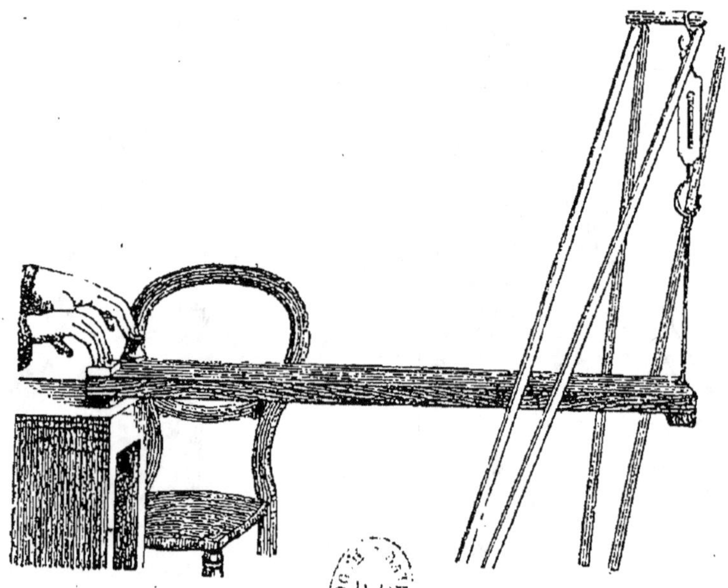

Fig. 41, tirée des *Recherches sur les phénomènes du spiritualisme*
de William Crookes. Trad. de l'anglais par J. Alidel. Paris, s. d.

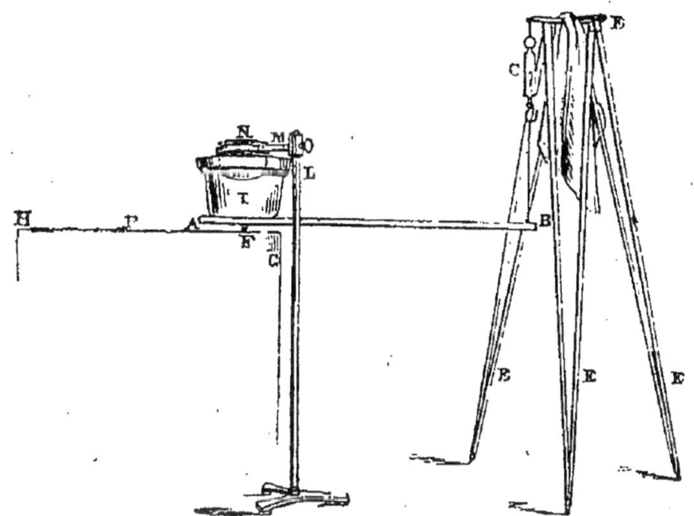

Fig. 42, tirée des *Recherches sur les phénomènes du spiritualisme* de William Crookes. Trad. de l'anglais par J. Alidel. Paris, s. d.

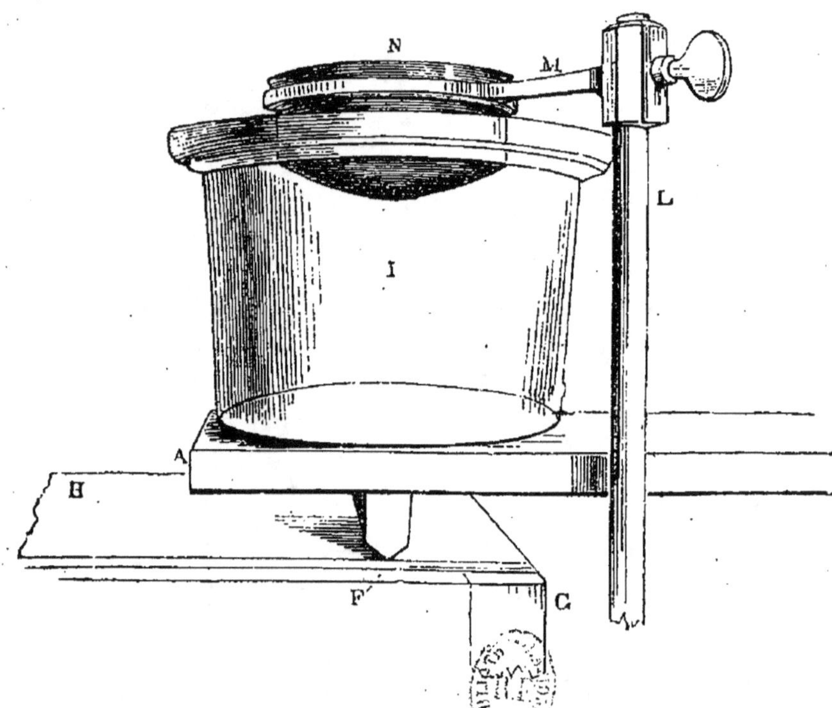

Fig. 43, tirée des *Recherches sur les phénomènes du spiritualisme*
de William Crookes. Trad. de l'anglais par J. Alidel. Paris, s. d.

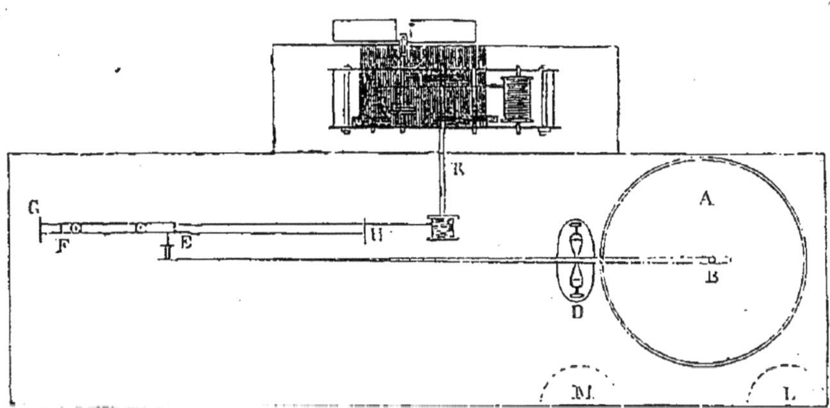

Fig. 44, tirée des *Recherches sur les phénomènes du spiritualisme* de William Crookes. Trad. de l'anglais par J. Alidel. Paris, s. d.

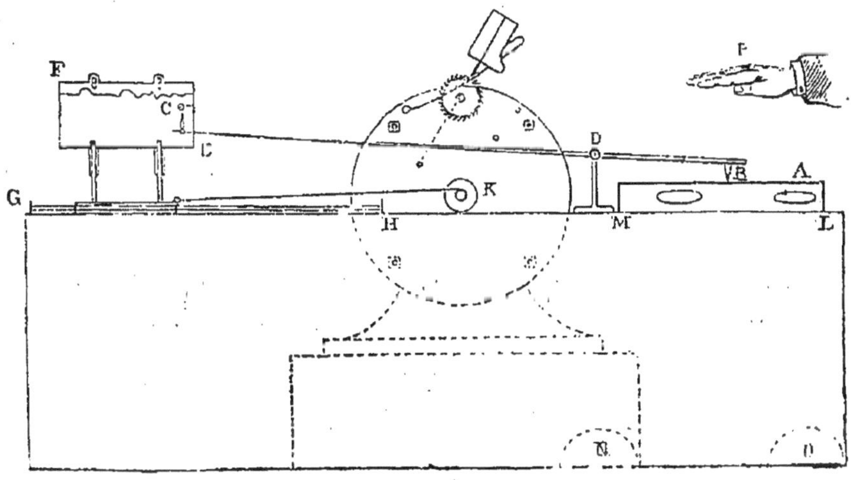

Fig. 45, extraite du même ouvrage.

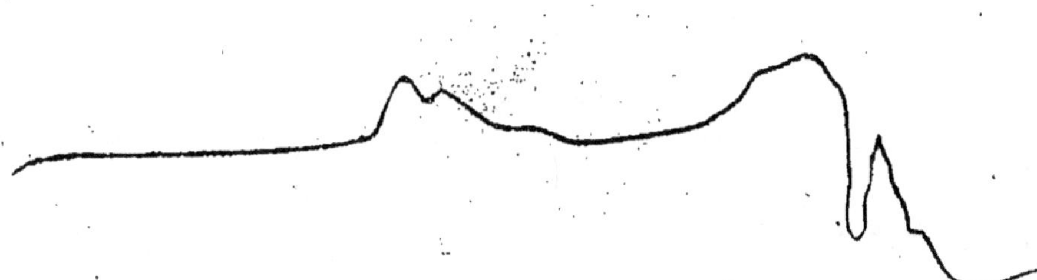

Fig. 46, tirée des *Recherches sur les phénomènes du spiritualisme*
de William Crookes. Trad. de l'anglais par J. Alidel. Paris, s. d.

Fig. 47, extraite du même ouvrage.

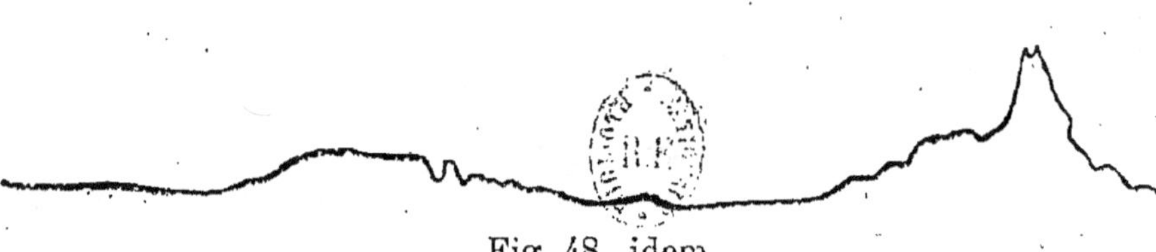

Fig. 48, idem.

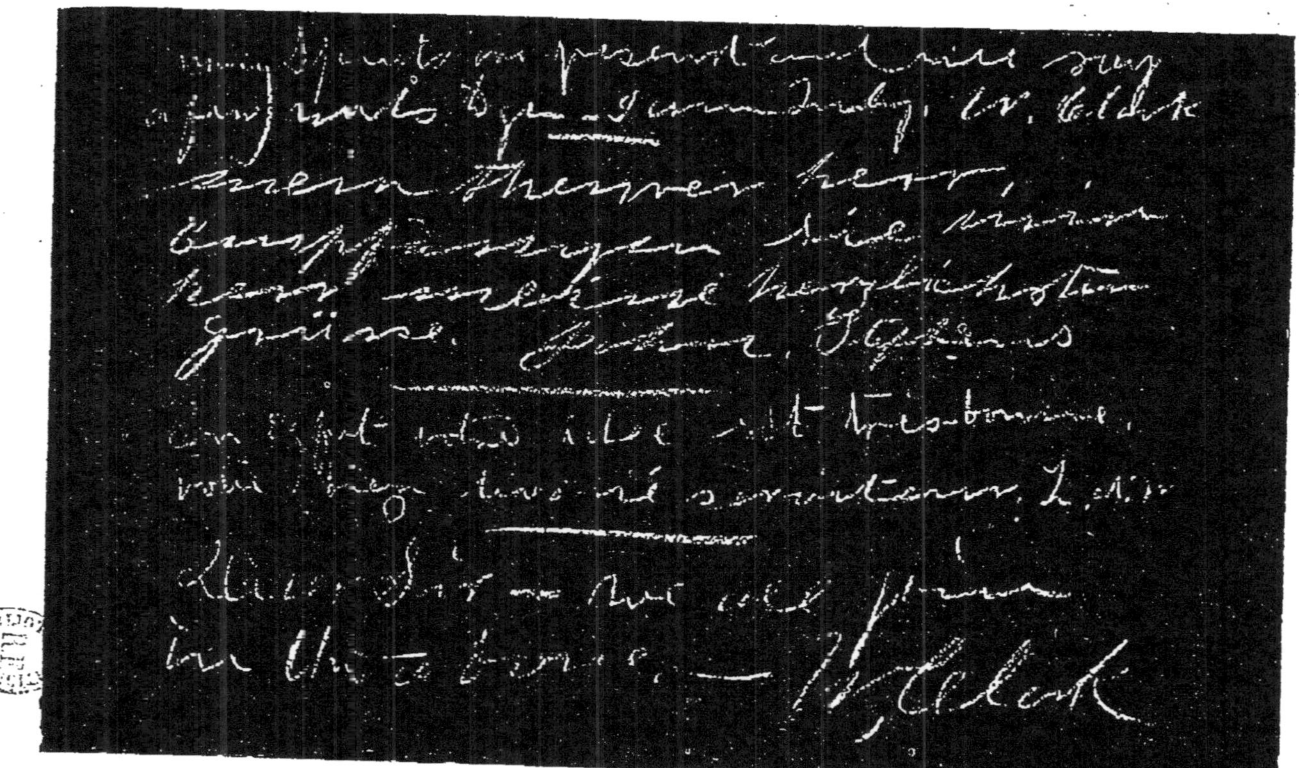

Fig. 49, tirée du *Spiritisme (Fakirisme occidental)* de P. Gibier. Paris 1887.

Note explicative et traduction de la figure 49.

Many spirits are presents and will say a few words to you. I am truly :
W. Clark.

(Plusieurs esprits sont ici présents et vont vous parler. Je suis sincèrement :
W. Clark.)

Mein thueuer herr. Empfangen Sie mein herr meine herzlichsten Grüsse.
John Stepehns.

(Mon cher Monsieur. Recevez mes plus cordiales salutations.)

En effet, votre idée est très bonne.
Votre bien dévoué serviteur. L. de M.

Dear Sir, we all join in the above.
W. Clark.

(Cher Monsieur, nous nous réunissons tous dans ce qui précède.

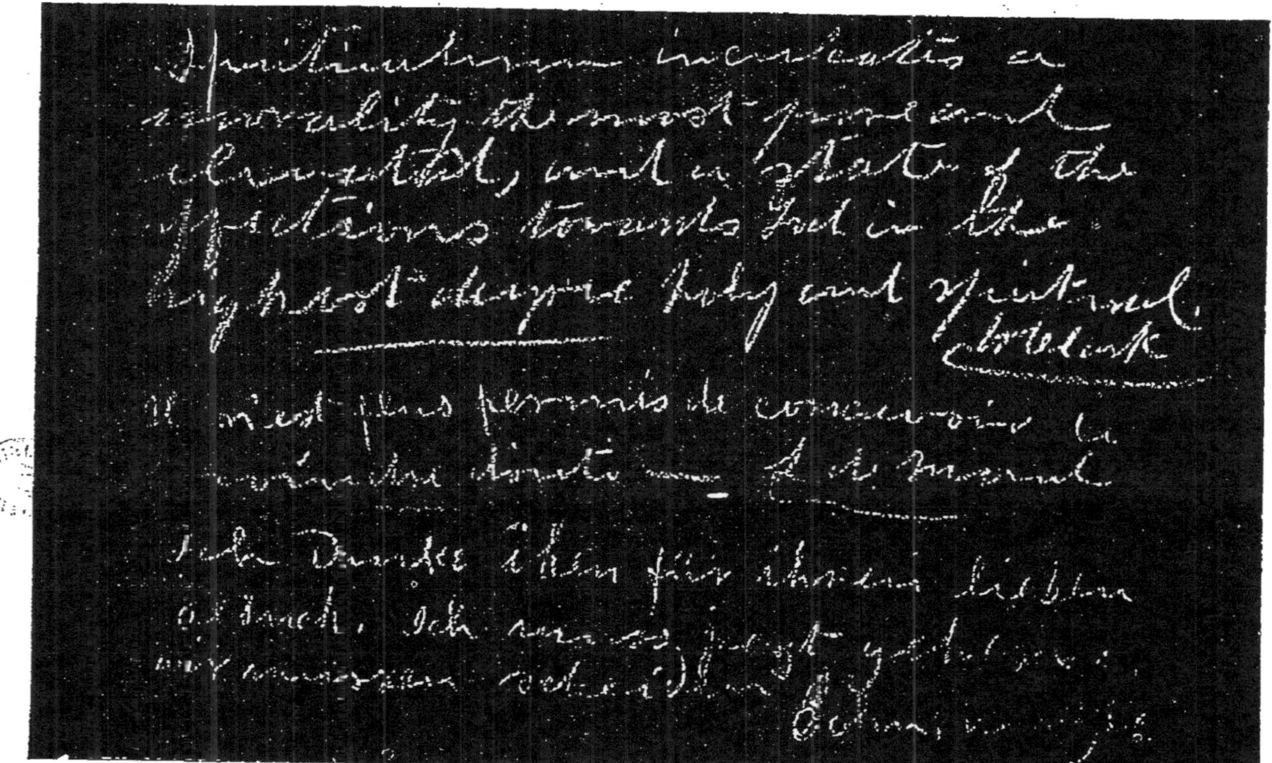

Fig. 50, tirée du *Spiritisme (Fakirisme occidental)* de P. Gibier. Paris 1887.

Explication et traduction de la figure 50.

Spiritualism inculcates a morality the most pure and elevated, and a state of the affections towards God, in the highest degree holy and spiritual.

W. CLARK.

(Le spiritualisme enseigne la morale la plus pure et la plus élevée, et un état des affections vers Dieu, au plus haut degré saint et spirituel.)

———

Il n'est pas permis de concevoir le moindre doute.

L. DE MOND.

———

Ich danke ihnen für ihren lieben besuch. Ich muss jetzt gehen, wir mussen scheiden.

JOHN VAN DYCK.

(Je vous remercie pour votre aimable visite, maintenant je dois partir, nous devons nous séparer.)

Fig. 51, tirée du Spiritisme (Fakirisme occidental) de P. Gibier. Paris 1887.

Note explicative et traduction de la figure 51.

« Si ton bras, ô Démosthènes, avait égalé ton génie, jamais les Grecs n'eussent obéi à l'épée macédonienne. »
                                                                    E. Z.

(La phrase écrite en grec, qui paraît avoir voulu traduire la précédente, est composée en grande partie de mots tronqués ou illisibles.)

Mit der ausgezeichnetsten hochachtung. (*Signature illisible.*)

(Avec la considération la plus distinguée.)

REMARQUE : Le mot hochachtung aurait dû être écrit avec une majuscule. Ces fautes d'orthographe sont fréquentes dans les « communications » écrites en allemand.

This is a hard task for a spirit to perform at the first visit. W. CLARK.

(Ceci est une tâche difficile à faire pour un esprit dès sa première visite.)

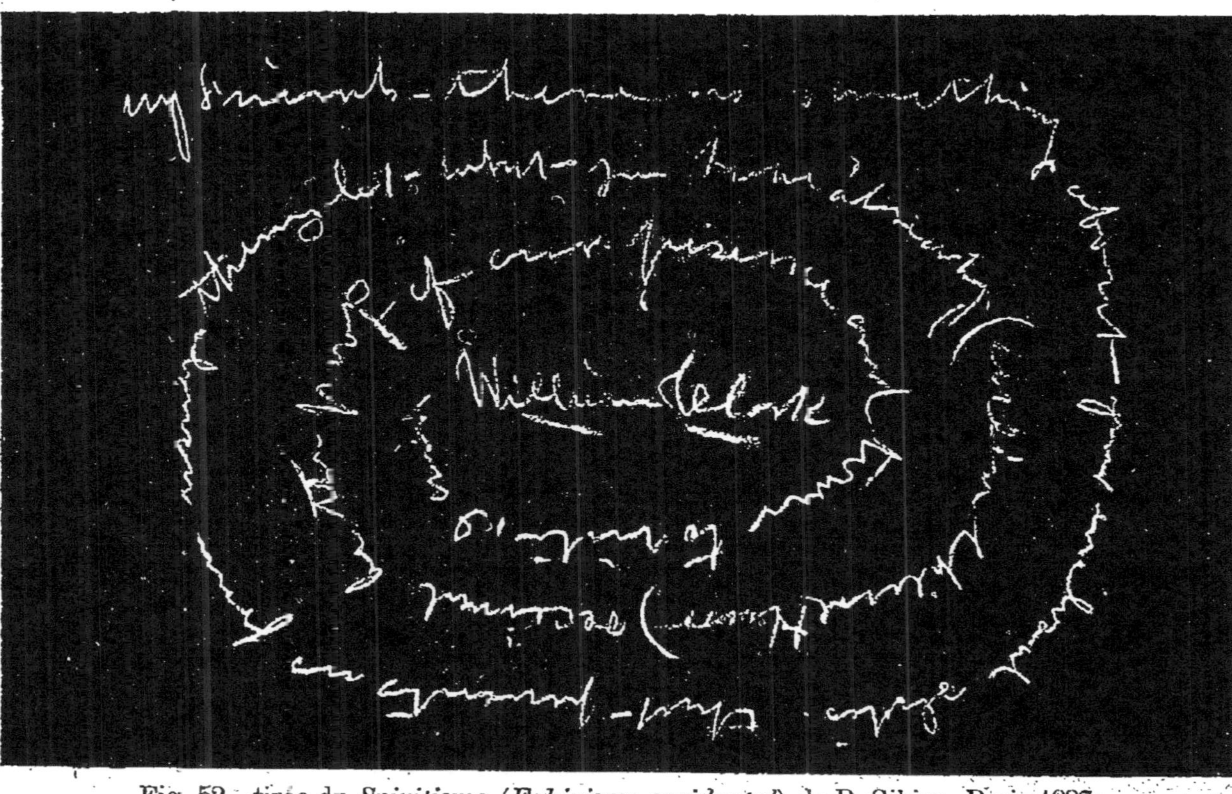

Fig. 52, tirée du *Spiritisme (Fakirisme occidental)* de P. Gibier. Paris 1887.

Explication et traduction de la figure 52.

My friends, There is something about your enclosed slates that prevents us from using thenn , but what you have already (mein teuer Herr) received be the proof of our presence and power to write. I am.

William CLARK.

(Mes amis, il y a quelque chose autour de vos ardoises scellées qui nous empêche de les utiliser. Que ce que vous avez déjà (mon cher Monsieur) obtenu soit la preuve de notre présence et de notre pouvoir d'écrire. Je suis.

William CLARK.)

Fig. 53, tirée de *la Fin du monde des Esprits* du Dr Philip Davis. Paris, s. d.
Institut de développement de la force des médiums, maison C*** et Cie de New-York.
Apparition de fantômes. Le truc du buffet.

Fig. 54 , tirée de *la Fin du monde des Esprits* du D\u02b3 Philip Davis. Paris, s. d.
Institut de développement de New-York. Le truc du mannequin.

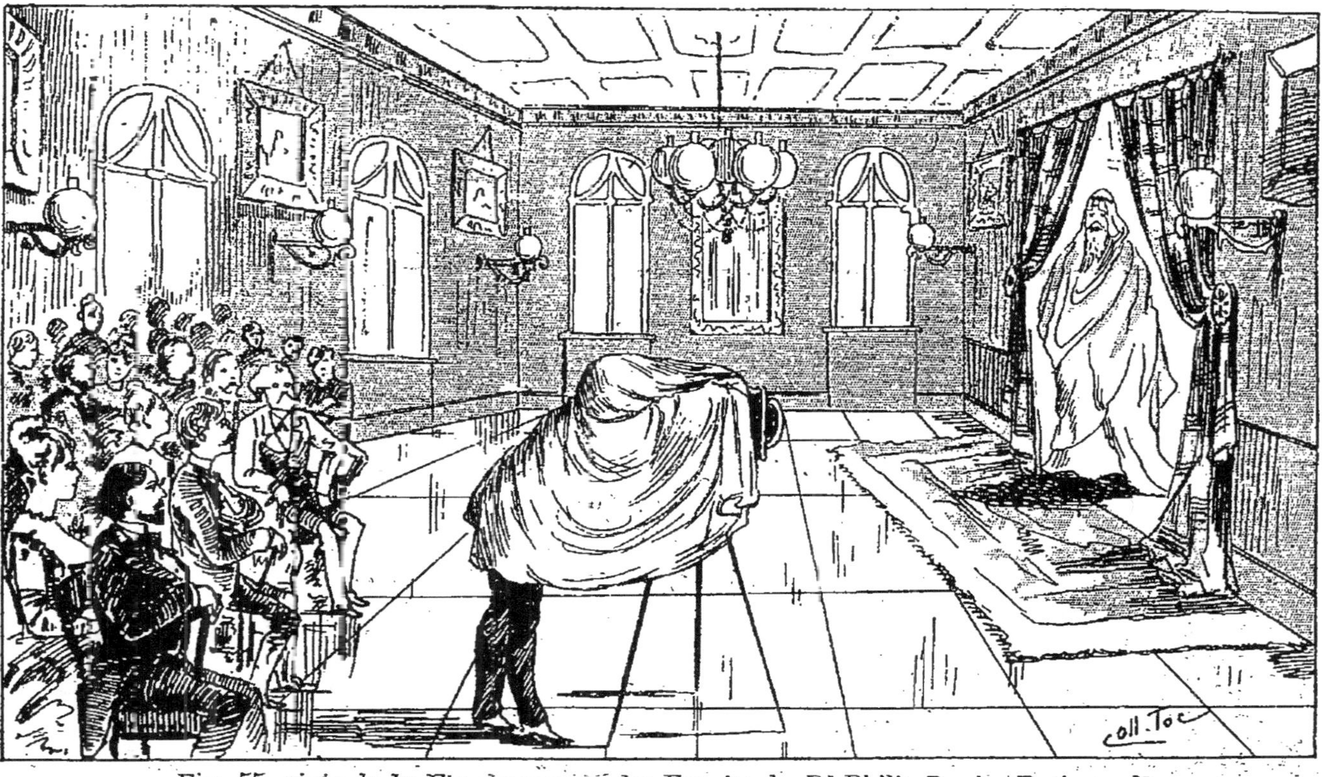

Fig. 55, tirée de *la Fin du monde des Esprits* du D' Philip Davis. Paris, s. d.

Institut de développement de New-York. Photographie à la lumière électrique des apparitions.

Fig. 56, tirée de *la Fin du monde des Esprits* du D' Philip Davis. Paris, s. d.

Institut de développement de New-York. Le truc des deux fantômes.